ISBN Softcover 978-3-946451-18-1
ISBN Hardcover 978-3-946451-19-8

Marchy: Custom and Legend
Das Märzchen: Brauch und Legende

Author / Autorin: Despina Leonhard
Artwork / Illustrationen: Ana Enache
English Translation / Englische Übersetzung: Andrea Wünsch
Layout: Ana Enache

Friendly supported by: / Mit freundlicher Unterstützung von:

Despina Leonhard

Artwork / Illustrationen: Ana Enache

Marchy: Custom and Legend

Das Märzchen: Brauch und Legende

Sturnus Verlag
2018

sturnus
verlag

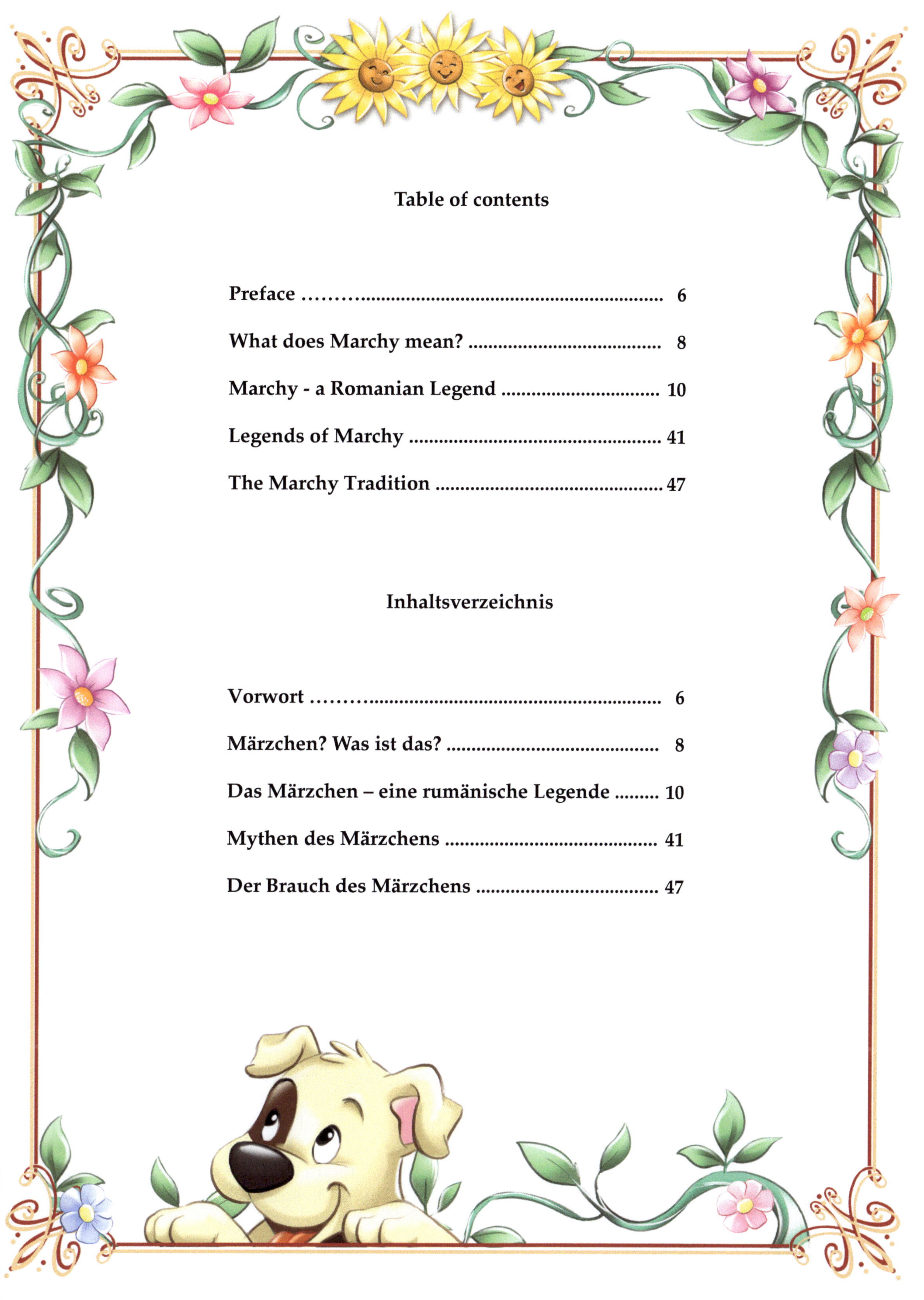

Table of contents

Inhaltsverzeichnis

Preface

The idea of this book came about in the Munich School of Romanian Language and Culture (Münchner Schule für rumänische Sprache und Kultur), a parents' initiative which has successfully been working together since 2007. The values of this group are "Friendship - Tradition - Culture".

I would like to thank all children, parents and teachers of the Munich School of Romanian Language and Culture. Their inspiring ideas as well as their trust and faith in this project were a great support while working on this book.

Many children created beautiful pieces of art and thus contributed to the visual elements of this book. The competent and caring guidance by the artists Diana Prundurel, Andreea Varga, Geo Doidaci and Ana Enache made this possible and is highly appreciated. The different meanings ascribed to Marchy are a vivid snapshot of this custom from the Balkans. Marchy was declared an UNESCO world cultural heritage in 2017.

Vorwort

Die Idee zu diesem Buch ist in der Münchner Schule für rumänische Sprache und Kultur, einer Elterninitiative, die seit 2007 unter dem Motto "Freundschaft – Tradition – Kultur" erfolgreich funktioniert, entstanden.
Ich möchte mich herzlich bei allen Kindern, Eltern und Lehrern der Münchner Schule für rumänische Sprache und Kultur bedanken. Ihre inspirierenden Impulse sowie das entgegengebrachte Vertrauen waren mir eine wichtige Unterstützung bei der Arbeit für dieses Buch.
Einige Kinder haben durch ihre Kunstwerke, welche unter der liebevollen Leitung der Künstler Daiana Prundurel, Andreea Varga, Geo Goidaci und Ana Enache erschaffen wurden, graphische Elemente dieses Buchs bestätigt oder mitgestaltet. Die Bedeutungen, die sie im Märzchen sehen, sind eine erfrischende Momentaufnahme dieses Brauchs vom Balkan.
Der Brauch des Märzchens gehört seit 2017 zum UNESCO Kulturerbe.

Munich School of Roma
Münch
für rumänische
MARC (10)
Hobby:
Playing the piano / Klavierspielen
What does Marchy mean to you?
Was bedeutet für Dich das Märzchen?
I like wearing a Marchy because it looks nice and it might be a lucky charm. But somehow I feel like it's a bit of a waste to get a new Marchy every year because you only wear it for a little while. This is why I sewed my favourite Marchy onto my blue jacket so I can wear it all year round.
Ich trage das Märzchen gerne, weil es hübsch ist und vielleicht Glück bringt. Aber irgendwie finde ich es auch eine Verschwendung, jedes Jahr immer neue Märzchen zu bekommen, die man dann nur ein paar Tage trägt. Deswegen habe ich mein Lieblingsmärzchen an meine blaue Jacke genäht und trage es das ganze Jahr über.
MARISSA (9)
Hobby: Drawing and painting
Malen und zeichnen
What does Marchy mean to you?
Was bedeutet für Dich das Märzchen?
Marchy is the little thing that we wear on our blouse on the 1st March.
I enjoy wearing it every time.
Das Märzchen ist das kleine Ding was man am 1. März auf der Bluse an der Brust trägt.
Ich trage das jedes Mal gerne.
ALEXANDRA (12)
Hobby: Singing, swimming, drama /
Singen, schwimmen, Theater
What does Marchy mean to you?
Was bedeutet für Dich das Märzchen?
Marchy is my lucky charm and makes me feel like I'm not alone. Imagine there was no Marchy: Who would be our lucky charm? Who would make us feel like we're not alone? Without Marchy the world would certainly be grey and dull.
Das Märzchen bringt mir Glück und es gibt mir das Gefühl, dass ich nicht alleine bin. Stellt euch vor, es würde kein Märzchen geben: Wer würde uns Glück bringen? Wer würde uns das Gefühl geben, wir wären nicht allein? Ohne das Märzchen wäre die Welt bestimmt grau und hässlich.
DENISA (8)
Hobby: Singing and danci
Singen und tanz
What does Marchy mean to you
Was bedeutet für Dich das Märzchen
I enjoy wearing Marchy because it looks lovely. I also believe that it protects me. I always feel like Marchy is an invisible bubble that protects me lovingly as long as I wear it.
Ich trage das Märzchen gern, weil es wunderschön aussieht. Außerdem glaube ich, dass es mich beschützt. Ich habe immer das Gefühl, dass das Märzchen eine unsichtbare Schutzblase um mich bildet, die mich liebevoll begleitet, solange ich es trage.

AYLIN (8)

Hobby:
Drawing and painting /
Malen und zeichnen

What does Marchy mean to you?
Was bedeutet für Dich das Märzchen?

I think Marchies are beautiful. I do believe that they are lucky charms because they are sparkly like twinkling stars. In any case they are more sparkly than in hell.

Ich finde die Märzchen einfach wunderschön. Ich glaube schon, dass sie Glück bringen, denn sie glitzern so schön, wie es nur im Himmel glitzern kann. Auf alle Fälle glitzern sie viel mehr als in der Hölle.

TALIDA (10)

Hobby:
Rollerskating, wave sports /
Inlineskating, Wave-Sport

What does Marchy mean to you?
Was bedeutet für Dich das Märzchen?

There is nothing magical about Marchy. Only the four-leaved clover really brings luck, I'm quite sure of that. But I've got a very pretty Marchy that I enjoy wearing every spring because it looks nice.

Das Märzchen hat nichts Magisches. Nur der vierblättrige Klee bringt wirklich Glück, da bin ich mir ganz sicher. Aber ich habe ein sehr hübsches Märzchen, das ich jeden Frühling sehr gern trage, weil es schön aussieht.

CHRISTIAN (10)

Hobby: Football / Fußball

What does Marchy mean to you?
Was bedeutet für Dich das Märzchen?

Marchy is cool and reminds me of nice things. I like that the ribbon is red and white – my favourite colours.

Das Märzchen ist cool und erinnert mich an schöne Sachen. Außerdem ist die Schnur rot-weiß, meine Lieblingsfarben.

Marchy

- a Romanian Legend -

Once upon a time people lived so cheerfully and happily that even the Sun took notice of them and looked down with envy. From high above, it had a good view of the people who worked hard but were content. The Sun admired the beautiful festivities that were celebrated on Earth with delicious food, joyful dancing, lovely music and a great atmosphere. One day, because people were so happy and the Sun was always alone in the sky, it decided to take part in the festivities.

Das Märzchen
- eine rumänische Legende -

Es war einmal eine Zeit, da lebten die Menschen so unbeschwert und glücklich, dass sogar die Sonne auf sie aufmerksam wurde und richtig neidisch auf sie herunterschaute. Von ihrer hohen Warte am Himmel hatte sie einen guten Blick auf die Leute. Diese mussten zwar hart arbeiten, waren aber zufrieden. Die Sonne bewunderte die schönen Feste, die auf der Erde gefeiert wurden, die reichhaltigen Speisen, die ausgelassenen Tänze, die schöne Musik und die gute Laune. Und weil die Menschen so glücklich waren und die Sonne immer ganz alleine am Himmel hing, beschloss sie eines Tages, an den Festen teilzunehmen.

By magic, the glowing ball took on human shape repeatedly. Sometimes it appeared as an incredibly pretty girl and wore clothes with gold and silver embroidery. Other times it was a well-built boy, beaming with strength, energy and intelligence. In this way, the Sun attended all the Sunday festivities for a while, danced and befriended many and became truly happy. People took notice and although they did not recognise the Sun, they all could feel the warm light which was shining particularly bright during those days. Whether human, animal or flower, all beings felt they lived in a blessed world. People and creatures experienced happiness and joy for life.

Mit einem geheimnisvollen Zauber nahm die Sonne immer wieder menschliche Gestalt an: Mal trat sie als unbeschreiblich schönes Mädchen auf und trug ein mit Gold und Silber besticktes Gewand. Mal war sie ein gutgewachsener Junge, strahlend vor Kraft und Verstand.

So war der leuchtende Himmelskörper eine Weile zu Gast bei all den Sonntagsfesten, tanzte mit, freundete sich mit einigen Menschen an und wurde richtig glücklich. Und das merkten die Leute auch. Zwar erkannte niemand die Sonne, doch alle spürten das besonders warm strahlende Licht an diesen Tagen. Egal ob Mensch oder Tier oder Blume, alle hatten das Gefühl, in einer gesegneten Welt zu leben. Die Menschen schwärmten nur noch von Glück und Lebensfreude.

Where there is so much light, however, there is also darkness: The Dragon of the Dark felt irritated by the radiant festivities.

Indessen – wo so viel Licht ist, ist auch Schatten: Der Drache der Dunkelheit fühlte sich von den strahlenden Festen mächtig gestört.

Suddenly one day, the Sun - disguised as a beautiful girl dancing in a golden dress - was snatched by the Dragon. But because the Sun has incredible strength and can fight with flames of fire ...

Eines Sonntags tauchte er plötzlich auf und entführte die Sonne. Von einem Augenblick auf den anderen riss er das wunderschöne Mädchen mit sich fort, das da in einem goldenen Kleid tanzte. Aber weil die Sonne unglaubliche Kräfte hat und sich mit feurigen Flammen zur Wehr setzen kann …

… the Dragon immediately put her into an icy stone coffin. It hid the coffin in the dungeon that was situated in the deepest and most remote corner of the castle, so that its foe was imprisoned in the dark for ever. Once that was done, the Dragon sighed with relief. The Dragon thought that without the Sun, people would soon be extinguished due to the cold and their sadness. The Dragon would then finally be able to enjoy the world in complete darkness and cold.

… sperrte der Drache sie sofort in einem Sarg aus Eis und Stein. Den versteckte er im tiefsten und entferntesten Kerker seines Schlosses, damit seine Feindin für immer im Dunkeln gefangen lag. Als das erledigt war, atmete er erleichtert auf. Ohne die Sonne, so dachte der Drache, würden die Menschen vor lauter Frost und Trauer auch bald aussterben, und dann würde er endlich die Welt in tiefster Dunkelheit und Kälte genießen können.

And indeed, the whole country was struck with incredible cold, icy silence and complete darkness. People stopped talking to each other and they no longer celebrated any festivities. They no longer experienced joy. Tired and worn out from their dismal everyday lives, they became increasingly mean. Hunger and pain, fear and fighting dominated their lives and, over time, robbed them of all their strength. With the disappearance of the Sun, hope had died in peoples' hearts. Feeling deep desperation, the people only wished for the end.

In der Tat wurde das ganze Land von unfassbarer Kälte, eisigem Schweigen und tiefer Dunkelheit erfasst. Die Menschen sprachen nicht mehr miteinander, sie feierten keine Feste und kannten keine Freude mehr. Hunger und Schmerz, Angst und Streit machten sich breit und nahmen ihnen nach und nach alle Kraft. Einige Zeit nachdem die Sonne verschwunden war, starb in den Herzen der Menschen auch die Hoffnung, und in tiefer Verzweiflung wünschten sie sich alle nur noch das Ende.

One day a courageous boy decided to do something to rescue the Sun and to make the Dragon of the Dark disappear once and for all. With this in mind, he had to go to the creepy castle. The long stony journey to the gloomy castle took him three seasons. Summer, autumn and winter however were very similar because, without sun, they were all cold and icy.

Eines Tages beschloss ein tapferer Junge, etwas zu unternehmen, um den Drachen der Dunkelheit ein für alle Mal zu vertreiben und die Sonne zu retten. Dafür musste er zu der unheimlichen Festung des Drachens laufen. Der Weg zu dem Höllenschloss war lang und steinig, und die Reise dauerte drei Jahreszeiten. Sommer, Herbst und Winter glichen sich aber sehr, denn ohne Sonne waren sie alle kalt und eisig.

Whenever the boy felt so tired that he could not carry on, he remembered his parents' endless love which warmed him from the inside. Recalling happy memories gave him the strength to carry on with his journey.

Jedes Mal wenn der Junge so müde war, dass er nicht mehr weiter konnte, spürte er die unendliche Liebe seiner Eltern, die ihn von innen wärmte. Er rief sich glückliche Erinnerungen ins Gedächtnis, die ihm die Kraft gaben, seinen Weg fortzusetzen.

At winter's end he finally arrived at the Dragon's Castle. Mustering all his courage he knocked on the gate.

At first, feeling scared, the Dragon did not answer. It was intimidated by the cleverness and the joy for life that it had observed in humans.

He made the boy wait in front of the gate for three days and three nights. When the exhausted boy finally fell asleep, the Dragon poked out one of its tongues - the poisonous one - and carefully wrapped it around the boy.

Als der Winter zu Ende ging, hatte er das Drachenschloss endlich erreicht. Er nahm seinen Mut zusammen und pochte an das Tor. Der Drache antwortete zuerst einmal nicht, denn er hatte Angst. Angst vor der Klugheit und der Lebensfreude, die er an den Menschen beobachtet hatte.

Er ließ den Jungen drei Tage und drei Nächte vor dem Tor warten, und als der endlich müde war und einschlief, streckte er eine seiner drei Zungen heraus, die giftige, die den Jungen vorsichtig umschlingen sollte.

The boy, however, was only half asleep and could feel something moving around him. Waking up, he realised what was happening and with his sword quickly severed the deadly tongue.

The Dragon became furious. Howling in pain, it shot out its second tongue to kill its enemy. This cold tongue covered the boy with icy breath and stormy frost. But the boy fought for his life, finally managing to cut off the icy tongue before the frost could stop him.

Der Junge spürte aber im Halbschlaf, dass sich etwas um ihn herum wand. Er wurde wach, erkannte die Lage und schlug die tödliche Zunge in Windeseile mit dem Schwert ab.

Da wurde der Drache wütend. Heulend vor Schmerz streckte er seine zweite Zunge aus, um seinen Gegner zu töten. Das war die kalte Zunge, die den Jungen in eisigen Atem und stürmischen Frost hüllte. Aber der Junge kämpfte um sein Leben und schaffte es schließlich, die eisige Zunge abzuschlagen, bevor der Frost ihn lähmen konnte.

Now the Dragon had only one weapon left: its fire tongue. Using it, he tried to burn his clever enemy alive. But the boy, thinking of the Sunday festivities in his village and the beautiful dancing, gathered all his strength and managed to jump over the flames surrounding him. And while he was jumping he spoke to the flames: *"Flames, do you remember your true heroine who now has to live in a dark and icy cellar, just like you? You can change that, you can help. Come, melt the prison of ice and rescue your heroine. She alone is your home and your life!"*

Da hatte der Drache nur noch eine letzte Waffe: Seine Feuerzunge. Damit versuchte er nun, seinen gewitzten Gegner bei lebendigem Leib zu verbrennen. Aber der Junge erinnerte sich an die Sonntagsfeste in seinem Dorf mit ihren schönen Tänzen, sammelte alle Kraft und schaffte es, über die Flammen zu springen, die um ihn herumzüngelten. Und währenddessen redete er mit ihnen: *„Ihr Flammen, erinnert euch an eure wahre Herrin, die nun gefesselt in einem dunklen eisigen Kerker leben muss, genau wie ihr. Ihr könnt das ändern, ihr könnt ihr helfen. Kommt, schmelzt das Eisgefängnis und befreit eure Herrin, denn sie alleine ist euer Zuhause und euer Leben!"*

And since the boy was telling the truth, the flames actually listened to him and did as they were told. They rescued the Sun and together covered the Dragon of the Dark with so much warmth and light that all its energy faded. With the beginning of spring, he took his last breath and died.

Die Flammen hörten tatsächlich auf ihn, denn der Junge sagte die Wahrheit. Sie befreiten die Sonne, und zusammen umklammerten sie den Drachen der Dunkelheit mit so viel Wärme und Licht, dass seine ganze Kraft dahinschwand und er mit dem Frühlingsanfang sein Leben aushauchte.

This is why it was possible for the Sun to return to its place in the sky. It decided that it was safer to never again interfere in peoples' lives. Its warm light embraced the Earth in gratitude, and all beings came to life with joy.

So kam es, dass die Sonne an ihren Platz am Himmel zurückkehren konnte. Sie beschloss, sich sicherheitshalber nie wieder in das Leben der Menschen einzumischen. Dankbar umarmte ihr warmes Licht die Erde, und alle Wesen erwachten freudig zu neuem Leben.

People ran out of their houses and found the courageous boy who had fought for their freedom lying in the white snow. Blood was pouring out of his wounds. In the dim sunlight, it seemed as if there was a red and white ribbon lying on the ground.

Die Menschen eilten aus ihren Häusern und fanden den mutigen Jungen, der ihre Freiheit erkämpft hatte, im weißen Schnee liegen. Der Drache hatte ihn verletzt. Aus seinen Wunden floss warmes rotes Blut. Im milden Sonnenglanz war es, als läge da ein weiß-rotes Band auf der Erde.

Since that time, it has become a custom of the people between the Danube und the Carpathian Mountains on March 1st, the first day of spring, to braid red and white silk ribbons and give them to their loved ones. They put a little pendant on each ribbon - Marchy. It is to protect their loved ones and to remind them every year of the incredible strength of the Sun and of love.

Seit dieser Zeit pflegen die Menschen zum 1. März, dem ersten Frühlingstag, ein weiß-rotes Seidenband zu flechten und ihren Liebsten zu schenken.

An das Band hängen sie ein kleines Amulett – das Märzchen. Es soll ihre Lieben schützen und sie jedes Jahr an die unglaubliche Kraft der Sonne und der Liebe erinnern.

Legends of Marchy

Mythen des Märzchens

Legends of Marchy

Baba Dochia (Romania)

Baba Dochia was a quarrelsome old woman. In particular, she made her daughter-in-law's life miserable again and again. One cold day in February, she asked her daughter-in-law to wash wool in the cold stream water. Only when the wool was snow-white would she be allowed to go back home. The daughter-in-law, being an obedient and good girl, tried her best to fulfil Dochia's wish. But after a while, her hands became freezing cold in the icy stream's water. Fearing she would never see her beloved husband again, the young woman started to cry.

Suddenly a young man called Mărțișor appeared next to her. He handed her a little bunch of white and red flowers. Put into water, the flowers would make a miracle happen. The girl did as the man said and the wool turned white like snow. When she turned to Mărțișor to thank him, he had already disappeared. Happily, the daughter-in-law took the wool and some left-over flowers home. Dochia wondered whether it was time to take the sheep up the mountain. She decided that the time was right. In fact, however, it was too early! After a few days there was a thunderstorm and Dochia froze to death. This is how Mărțișor punished her for being so very malicious.

Baba Marta (Bulgaria and Macedonia)

Baba Marta, (in Bulgarian: "Баба Марта") a fairy tale character well-known in Bulgaria and Macedonia, is similar to the Romanian Baba Dochia. She is an old and moody person. Similar to the German Frau Holle (in English: Mother Hulda) Baba Marta determines the weather in spring in that she decides whether there is snow or not. She represents the month of March.

On the first of March, Bulgarian people greet each other with "Tschestita Baba Marta!" (in Bulgarian: "Честита баба Марта!", in English "May Baba Marta be happy!"). Marchy is a little gift with a red and white ribbon which is meant to put Baba Marta in a good mood and, thereby, make the spring weather bring warm temperatures. Children, adults, animals and pets also receive Marchys to keep them healthy in the changeable spring weather.

Dochia, the Emperor's Daughter (Romania)

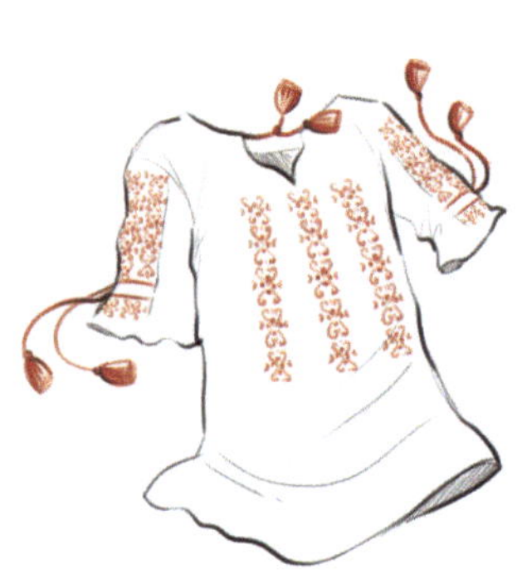

Dochia was the Emperor's daughter. One day, a foreign army came that was strong enough to defeat the Emperor and take over his Empire. The new Emperor wanted to marry beautiful Dochia to help make peace with the people conquered. Dochia, however, longed for freedom and liberty for her people. So in order to escape the wedding she dressed as a shepherd and herded a flock of sheep up the mountain. The Emperor's Advisor gave her nine fur coats to take with her. Dochia, however, unaware of the dangers on the mountain, took off and left behind the fur coats on the sunny spring days, one after the other. Suddenly, there was a terrible spring thunderstorm. Dochia froze to death and turned into a rock.

By March, the new leader had already left and Dochia's servants came looking for her. All they found, however, was the rock and the Emperor's daughter's pretty folk dress, with white and red embroidery, like a Marchy.

Mythen des Märzchens

Baba Dochia (Rumänien)

Baba Dochia war eine streitsüchtige alte Frau Besonders ihrer Schwiegertochter machte sie das Leben schwer. An einem kalten Februartag verlangte sie von ihrer Schwiegertochter, dass sie Wolle am Bach waschen solle. Erst wenn diese schneeweiß würde, dürfe sie wieder nach Hause kommen. Die Schwiegertochter war brav und lieb und versuchte mit aller Kraft, Dochias Befehl zu gehorchen. Doch nach einiger Zeit wurden in dem eisigen Bachwasser ihre Hände ganz kalt. Verzweifelt, dass sie ihren geliebten Mann nie wieder sehen würde, wenn sie nie wieder nach Hause käme, begann die junge Frau zu weinen.

Auf einmal erschien neben ihr ein junger Mann, der sich Mărţişor nannte. Er gab ihr ein Sträußchen mit weißen und roten Blumen und sagte ihr, dass diese Blumen im Wasser ein Wunder bewirken würden. Das Mädchen legte also die Blumen ins Wasser. Sofort wurde die Wolle weiß wie Schnee. Als sie sich bedanken wollte, war Mărţişor aber schon verschwunden. Glücklich brachte die Schwiegertochter die Wolle und ein paar übrige Blumen nach Hause. Dochia wunderte sich darüber, dass es schon (frische) Blumen gab, aber schloss daraus, dass die Zeit reif war, die Schafe auf den Berg zu treiben. In Wahrheit war es aber zu früh! Nach einigen Tagen kam ein eiskalter Sturm und Dochia erfror. So bestrafte sie Mărţişor für ihre große Bosheit.

Baba Marta (Bulgarien und Makedonien)

Baba Marta (bulg.: „Баба Марта“) ist eine in Bulgarien und Makedonien bekannte Märchenfigur, die der rumänischen Baba Dochia ähnelt: Sie ist eine alte und launische Person. Ähnlich wie Frau Holle entscheidet Baba Marta über das Frühlingswetter – ob es schneit oder nicht – und wird oft als Verkörperung des Monats März gesehen.

Zum ersten März begrüßen sich die Bulgaren mit „Tschestita Baba Marta!“ (bulg.: „Честита баба Марта!“, auf Deutsch „Glücklich sei Baba Marta!“). Das Märzchen ist ein kleines Geschenk mit rot-weißem Bändchen, das Baba Marta bei guter Laune halten und deshalb Frühlingswetter mit warmen Temperaturen bringen soll. Kinder, Erwachsene, Haus- und Nutztiere bekommen ebenfalls Märzchen, damit sie bei dem wechselhaften Frühlingswetter gesund bleiben.

Dochia, die Kaiserstochter (Rumänien)

Dochia war die Kaiserstochter. Eines Tages kam eine starke fremde Armee, die ihr Kaiserreich in Kampf besiegen konnte. Der neue Kaiser wünschte die schöne Dochia zu heiraten, um Frieden mit der eroberten Bevölkerung zu schließen.

Dochia aber wünschte sich nichts sehnlicher als dass ihr Volk in Freiheit lebt. So verkleidete sie sich als Hirtin und führte alleine eine Schafsherde hoch auf den Berg, um der Hochzeit zu entkommen. Die Hofberater gaben ihr neun Pelzmäntel mit.

Dochia aber, in Unkenntnis der Gefahren auf dem Berg, ließ an den sonnigen Frühlingstagen einen Mantel nach dem anderen fallen. Plötzlich kam ein schlimmer Frühlingssturm. Dochia erfror und verwandelte sich in einem Felsen.

Der neue Führer verließ bereits im März das Land, und Ihre Diener suchten sie. Doch sie fanden nur den Felsen und das schöne Trachtenkleid der Kaiserstochter, bestickt in weiß und rot, wie ein Märzchen.

The Boy who set the Sun free (Romania and Moldova)

One day, the Sun transformed into a girl (a boy in some regions) and interacted with the people. A dragon kidnapped the Sun and hid it in its castle.
A courageous boy found and defeated the dragon, thereby liberating the Sun. The boy got injured in the fight, and when the Sun rose into the sky, there was red blood on the white snow. The warmth of the blood and the heat of the Sun made the first snowdrops blossom. This is how the first Marchy came about.

The Fight between Spring and Winter (Moldova and Moldavian Republic)

On the first day of March, beautiful Spring went for a walk along the forest and saw white snowdrops blossoming under a blackthorn shrub. Winter, reluctant to give way to Spring, quickly ordered the wind and the frost to come to kill the little flower. Spring, however, blew gently on the snowdrops which were growing out of the snow to avoid the cold, and hurt itself on a blackthorn's spike. A warm drop of blood fell onto the flower, which made it blossom in full bloom immediately. This is how Spring defeated Winter and the first Marchy came about.

Khan Asparuhs Victory against the Byzantine Empire (Bulgaria)

In the year 680 BC, the Bulgarians fought with great effort to defeat the army of the Byzantine Emperor Constantine IV and become rulers of the country south of the Danube. The Bulgarians' leader was Khan Asparuh, a proud and courageous fighter. Under the guidance of his brother Batbajan, he left women, children and elderly men with some solders hidden in a quiet place and led his men into the decisive battle of Ongal. Asparuh won and, as a symbol of victory, he sent a falcon with a white ribbon to his brother. On its way the falcon was injured by an arrow, arriving at Batbajan with a red and white ribbon on its claw. Since then, the Bulgarians have been celebrating the first of March by giving each other red and white ribbons called Marchy.

Pizho and Penda (Bulgaria)

Pizho and Penda are two characters that represent the Marchy custom in some areas in Bulgaria. At the end of the red and white Marchy ribbon there are often two hanging tassels or charms representing two people: Pizho, the white male character, and Penda, the red female character. Pizho and Penda were a newly-wed couple who had married in the summer. When autumn arrived there was always a lot of work. A hard winter followed and the two always found reasons to argue. They argued and argued, almost forgetting how nice it is to live without any arguing, until the first of March came and spring sun was shining. This reminded them how happy and how in love they had been when they got married not long ago. They remembered how wonderful life can be. Pizho and Penda made up and celebrated the beginning of spring and the power of love by hugging each other happily.

Der Junge, der die Sonne befreite (Rumänien und Moldawien)

Eines Tages verwandelte sich die Sonne in ein Mädchen (in manchen Regionen als Junge und mischte sich unter die Menschen. Ein Drache entführte die Sonne und versteckte sie in seinem Schloss. Ein tapferer Junge fand den Drachen, kämpfte gegen ihn und befreite die Sonne. Der Junge wurde in Kampf verletzt und als die Sonne strahlend in den Himmel ging, floss rotes Blut auf den weißen Schnee. Die Wärme des Blutes und die der Sonne brachten das erste Schneeglöckchen zum Blühen. Auf dieser Weise entstand das erste Märzchen.

Der Kampf zwischen Frühling und Winter (Moldova und Moldawische Republik)

Am ersten Märztag kam der schöne Frühling am Waldrand spazieren und sah unter einem Schwarzdornbusch ein Schneeglöckchen blühen. Der Winter, der nicht gehen wollte, bestellte schnell den Wind und den Frost, um das Blümchen zu töten. Der Frühling aber putzte liebevoll das verfrorene Schneeglöckchen aus dem Schnee heraus und verletzte sich dabei an einem Schwarzdorn. Ein warmer Bluttropfen fiel auf die Blume, die sofort in aller Kraft strahlen konnte. So besiegte der Frühling den Winter und das erste Märzchen entstand.

Khan Asparuhs Sieg gegen das byzantinische Reich (Bulgarien)

Im Jahr 680 n.Ch. kämpften die Bulgaren mit großer Anstrengung, um sich gegen die Armee des byzantinischen Kaisers Konstantin IV. durchzusetzen und Herrscher des Landes südlich der Donau zu werden. Die Bulgaren wurden von Khan Asparuh geführt, ein stolzer und mutiger Kämpfer. Er ließ Frauen, Kinder und ältere Männer mit einigen Soldaten unter der Führung seines Bruders Batbajan an einem ruhigen Ort versteckt und führte seine Männer in den entscheidenden Kampf von Ongal. Asparuh gewann und sendete seinem Bruder einen Falken mit einem weißen Band als Zei¬chen des Sieges. Unterwegs wurde der Falke von einem Pfeil verletzt, so dass Blut auf das Bändchen tropfte. Deshalb erreichte der Falke Batbajan mit einem rot-weißen Bändchen an seinem Fuß.
Seitdem feiern die Bulgaren am 1. März, indem sie sich rot-weiße Bändchen schenken, die sie Märzchen nennen.

Pizho und Penda (Bulgarien)

Pizho und Penda sind zwei Puppen, die in manchen Gegenden in Bulgarien den Märzchenbrauch verkörpern. Oft endet das rot-weiße Märzchen-Bändchen mit zwei Bommeln in menschlicher Gestalt: Pizho, die weiße, männliche Figur und Penda, die rote, weibliche Puppe.
Pizho und Penda waren ein frisch vermähltes Ehepaar. Die jungen Leute heirateten im Sommer, und als der arbeitsreiche Herbst und dann ein schwerer Winter kamen, fanden sie andauernd Gründe zu streiten.
Sie streiteten und streiteten, dass sie fast vergaßen, wie schön es ist, ohne Streit zu leben. Bis der Erste März kam und die Frühlingssonne schien. Das erinnerte sie daran, wie glücklich und verliebt sie vor kurzem geheiratet hatten, und wie schön das Leben sein kann.
Pizho und Penda versöhnten sich und feierten mit einer glücklichen Umarmung den Frühlingsbeginn und die Kraft der Liebe.

The Marchy Tradition

Der Brauch des Märzchens

The Marchy Tradition was declared an UNESCO world cultural heritage in 2017.
Der Brauch des Märzchens gehört seit 2017 zur UNESCO Kulturerbe.

The Marchy Tradition

„The Marchy was a gift that Romanian people gave each other on the first day of March. It consisted of a gold coin hanging on a braided ribbon of red and white silk. The person to whom the gift was given to carried it around his neck until he saw the first flowering rose bush. They then put the little gift on one of the twigs. The coin symbolises wealth, the red and white ribbon refers to the desired look – white like a lily, with red cheeks like a rose. The gift to the queen of flowers was a poetic greeting of spring. In this way, the ancient Romanians used to congratulate each other on the first of March!"

N. Gane, 1873[1]

For the majority of German people, the first of March is a day like any other. Only some migrants - Romanians, Bulgarians, Greeks, Macedo-Romanians - give each other little inexpensive decorative objects attached to a red and white plaited ribbon: the Marchy (in Romanian: "Mărțișor"). A symbol of spring being a talisman supposed to bring good health and luck.

Picture: Marchy[2]

Picture: Marchy[3]

Picture: Marchy[4]

Picture: Marchy

Picture: Marchy

Originally I am from Romania but I have been living in Germany since 1994. However, it was not until 2011 when I tried to discuss the Marchy tradition with the pupils of the Münchner Schule für rumänische Sprache und Kultur [Munich School for Romanian Language and Culture], that I realised that Marchy was not known in Western Europe. I learnt that there was hardly any literature on the subject, let alone suitable material for preschool and school-age children. This is when my research started.

I read Romanian publications and internet articles in several languages. In addition, I carried out more than 300 interviews with Romanian, Albanian, Greek, Bulgarian, Ukrainian, Moldavian and Hungarian people to find out more about the prevalence of the custom and the significance attributed to it. This book summarises the findings of my research in a way that is suitable for children.

The oldest Romanian document about the Marchy seems to be the above-mentioned "Încercări literare" which was written by the ethnographer Nicolae Gane in 1873. It can be

1. N. Gane, *Încercări literare,* Tipografia Națională, Iași, 1873
2. https://chichiridiche.wordpress.com/tag/martisoare-flori , access date 11.07.2015
3. http://www.citycats.net/2014/02/martisoare-din-fimo.html , access date 11.07.2015
4. http://blog.cdbs.biz/?p=5493 , access date 19.01.2016

seen that the Marchy tradition was and has been practised in an area which corresponds to the territory of the tractic language[5], from the Western Ukrainian border to Moldavia, Romania, Bulgaria, Albania, Macedonia to Greece. Even though various legends are known in each region and different forms of the custom have been maintained, the red and white Marchy is given as a spring greeting on the first of March in all these countries, wishing for wealth and happiness. In the East, it is the men who receive the Marchy, in Romania it is usually women and children. In Bulgaria, Albania and Greece, the Marchy has been the symbol of welcoming spring. Farm animals are often given Marchys too, which are attached to their horns or tied around their necks. Today people usually wear the Marchy as a brooch or as a bracelet.

Pictures: Farm animals are often given Marchys too.[6]

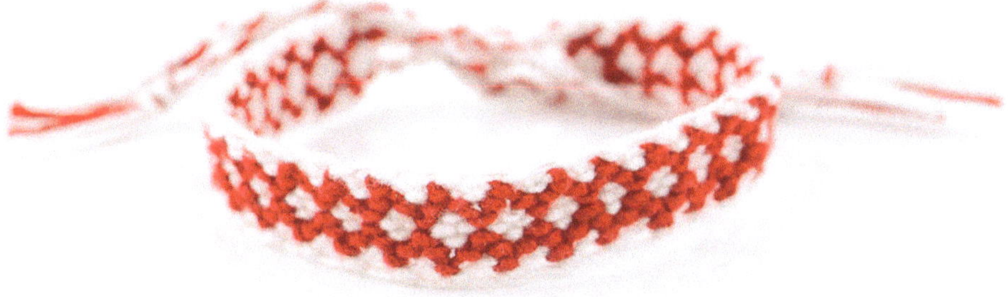

Picture: Marchy as a bracelet.[7]

It is assumed that the little pendant was a little coin, representing the sun, which - depending on the social status of the person wearing it - was of simple metal, silver or gold. Nowadays its design depends on aesthetic criteria exclusively. According to personal preference, the Marchy may be supplemented or substituted by a bunch of flowers or another valuable present with a red and white ribbon.

Picture:
The oldest Marchy from the ethnography exhibition at the „Iulian Antonescu" Museum Complex in Bacău, Romania.[8]

5. Vergleiche Ivan Durianov, *Distribuția limbilor paleobalcanice în Europa de Est și Asia Mică*, Wikipedia.org , access date 22.12.2012
6. http://i52.photobucket.com/albums/g33/chryssrusu/martisor-1.jpg , access date 15.01.2016
7. http://cinderellabijoux.ro/2013/02/ , access date 23.06.2015
8. http://www.desteptarea.ro/eu-n-as-lasa-aceasta-zi-fara-nod-pe-ata-anului/ , access date 15.01.2016

The red and white charms are worn until you see a first sign of spring (a stork, a swallow or a blooming tree). You then put the Marchy on a tree branch, under a stone or you throw it in the direction of a migratory bird and make a wish.

Typical little Marchys can be bought for as little as 30 cents. An easy way to get a good overview of the diversity of the designs these days is to have a look on the Internet. There are plenty of Marchys online shops.

Picture: The Marchy is given to the first flowering tree branch, as a compliment to the spring.[9]

Strong European integration and worldwide globalisation have been taking place since 1989. People of different nationalities and cultures have thus been brought together in an increasingly rapid and long-term way. This is also why the Marchy custom has gained popularity and could possibly, some time in the far future, play a major role in other cultures, too, like Halloween or Valentine's Day.

Picture: Marchy market in Munich, February 2015.

9. http://www.tkinter.smig.net , access date 15.12.2013

„Once upon a time Marchy was believed to have magic power. Today people do not believe that any more – and it is very likely that they will not seriously believe in any magic at all ever again. What remains is that they know the stories.“ [10]

With regard to the origin of Marchy, I found three theses: an old Dacian and Thracian new year custom according to the old Roman calendar, a sun worship festivity or an identification tool during the lengthy process of Christianisation in the Balkans according to the Edict of Milan in the year 313. The known theses are based on interpretations of indices and on ethnographic research work in the 19th century. Due to the fact that there are neither archaeological findings nor older inscriptions regarding Marchy, its origin will remain a mystery. The meaning of the custom may have changed over time and it is quite possible that all these theses are true. One indication in favour of this is the fact that the pendant has changed continuously, which we have been able to observe since 1800. In any case, the aesthetics of the red and white plaited ribbon emphasises great symbolism, similar to the Chinese representation of Yin and Yang. It can be understood to symbolise the infinity of time, the recurring cycle of life or the unity of contrasts (life and death, light and darkness, good and bad, masculine and feminine).

The way I experienced this custom in Romania before 1995, Marchy is an embodiment of grace and beauty, a spring greeting in memory of the power of the sun, hope and love.

Marchy is about the renewal of nature by the power of the sun. It starts with a present within the community which is offered to plants and animals a little later. This is why some authors consider Marchy a symbol for human mankind's reconcilitation with nature.

Picture: Giving a snowdrop as a symbol of a new beginning.[11]

10. Irina Nicolau, *Povestea mărțișorului,* Bucharest, 1997, page 8.
11. http://metropotam.ro/La-zi/Ce-se-ntampla-de-Martisor-la-metrou-Piata-Unirii-art9156396914/ , access date 23.06.2015

Der Brauch des Märzchens

„Das Märzchen war ein Geschenk, das sich die Rumänen zum 1. März gegenseitig schenkten. Es bestand aus einer Goldmünze, angehängt an einem Band, geflochten aus weißer und roter Seide. Der Beschenkte trug es am Hals bis er die erste blühende Rose fand, an deren Ästen er dann das kleine Geschenk aufhängte. Die Münze deutete auf Reichtum hin, die rot-weißen Fäden bedeuteten das gewünschte Aussehen, strahlendweiß wie die Lilie, mit roten Wangen wie die Rose. Die Gabe an die Blumenkönigin war eine poetische Begrüßung des Frühlings.
So pflegten die alten Rumänen sich gegenseitig zum 1. März zu beglückwünschen!"

N. Gane, 1873[1]

Der 1. März ist für die meisten Deutschen ein Tag ohne große Bedeutung. Nur einige Einwanderer – Rumänen, Bulgaren, Griechen, Mazedorumänen, Albaner – schenken einander kleine, meist sehr günstige Schmuckobjekte, angehängt an einem rot-weiß geflochtenen Bändchen: das Märzchen (rumänisch „Mărțișor"). Ein Frühlingsgruß mit Talisman-Kräften, der vor allem Gesundheit und Glück bringen soll.

Bild: Märzchen[2]

Bild: Märzchen[3]

Bild: Märzchen[4]

Bild: Märzchen

Bild: Märzchen

Ich komme aus Rumänien und lebe seit 1994 in Deutschland. Erst 2011, als ich zum ersten Mal versuchte, diesen Brauch mit den Schülern der Münchner Schule für rumänische Sprache und Kultur zu besprechen, wurde mir bewusst, dass das Märzchen in Westeuropa unbekannt ist. Ich stellte fest, dass es kaum Literatur dazu gab, von geeignetem Material für Klein- und Schulkinder ganz zu schweigen. So begab ich mich selber auf die Suche.
Ich las rumänische Publikationen sowie Internetartikel in mehreren Sprachen. Zusätzlich führte ich über 300 Interviews mit Rumänen, Albanern, Griechen, Bulgaren, Ukrainern, Moldauern und Ungarn, um mehr über die aktuelle Verbreitung und dem Brauch beigemessene Bedeutung herauszufinden. Dieses Buch fasst die Ergebnisse dieser Recherche in einer kindergerechten Form zusammen.
Die älteste rumänische Schrift über das Märzchen scheint die oben zitierte „Încercări literare" des Ethnographen Nicolae Gane von 1873 zu sein. Offensichtlich wurde damals,

1. N. Gane, *Încercări literare,* Tipografia Națională, Iași, 1873
2. https://chichiridiche.wordpress.com/tag/martisoare-flori , Zugriff am 11.07.2015
3. http://www.citycats.net/2014/02/martisoare-din-fimo.html , Zugriff am 11.07.2015
4. http://blog.cdbs.biz/?p=5493 , Zugriff am 19.01.2016

wie auch heute, der Märzchen-Brauch in einem Gebiet praktiziert, das der Verbreitung der trakischen Sprache um ca. 100 v.Chr. entspricht[5] : Von der westlichen ukrainischen Grenze über Moldawien, Rumänien, Bulgarien, Makedonien, Albanien bis Griechenland. Obwohl jede Region verschiedene Mythen kennt und auch unterschiedliche Ausprägungen des Brauchs pflegt, wird überall das Märzchen als frühlingshafte rot-weiße Begrüßung zum 1. März geschenkt, um gesund zu bleiben und glücklich zu werden. Im Osten bekommen die Männer das Märzchen, in Rumänien meistens Frauen und Kinder. In Bulgarien, Albanien und Griechenland ist das Märzchen ein gegenseitiger Frühlingsgruß geblieben.
Oft bekommen auch die Nutztiere ihre Märzchen, die ihnen an die Hörner oder an den Hals angehängt werden. Die Menschen tragen es heute meistens als Brosche an der Brust oder als Armband an der Hand.

Bilder: Oft bekommen auch Nutz- und Haustiere ihre Märzchen.[6]

Bild: Märzchen als Armband.[7]

Der kleine Anhänger scheint ursprünglich eine kleine Münze gewesen zu sein, eine Sonnendarstellung, die, abhängig vom Sozialstatus der tragenden Person, aus einfachem Metall, Silber oder Gold sein konnte. Inzwischen folgt seine Gestaltung nur noch ästhetischen Kriterien. Manchmal wird das Märzchen, je nach Geschmack, durch einen Blumenstrauß oder ein anderes wertvolles Geschenk mit rot-weißer Schleife ergänzt oder ersetzt.

Bild: Das älteste Märzchen in der Ausstellung des ethnographischen Museums „Iulian Antonescu", Bacău, Rumänien[8]

5. Vergleiche Ivan Durianov, *Distribuția limbilor paleobalcanice în Europa de Est și Asia Mică*, Wikipedia.org , Zugriff am 22.12.2012
6. http://i52.photobucket.com/albums/g33/chryssrusu/martisor-1.jpg , Zugriff am 15.01.2016
7. http://cinderellabijoux.ro/2013/02/ , Zugriff am 23.06.2015
8. http://www.desteptarea.ro/eu-n-as-lasa-aceasta-zi-fara-nod-pe-ata-anului/ , Zugriff am 15.01.2016

Die rot-weißen Glücksbringer trägt man so lange, bis einem ein erstes Frühlingszeichen – ein Storch, eine Schwalbe oder ein blühender Baum – über den Weg läuft. Dann hängt man die Märzchen auf einen Ast, legt sie unter einen Stein, oder wirft sie einem Zugvogel entgegen und wünscht sich etwas Schönes.
Die typischen kleinen Märzchen gibt es schon ab 30 Cents zu kaufen. Einen Einblick in die Vielfalt der aktuellen Gestaltung bietet am schnellsten das Internet, nicht zuletzt auch die unzähligen Märzchen-Online-Shops.

Bild: Das Märzchen wird dem ersten blühenden Ast geschenkt, als Kompliment an den Frühling.[9]

Seit der Wende 1989 findet eine starke europäische Integration sowie weltweite Globalisierung statt, die Menschen verschiedener Nationalitäten und Kulturen immer schneller und dauerhafter zusammenbringen. So kommt es, dass auch das Märzchen als Brauch an Bekanntheit gewinnt und in einer fernen Zukunft möglicherweise, wie Halloween oder der Valentinstag, in anderen Kulturen übernommen werden könnte.

Bild: Märzchen-Markt in München, Februar 2015.

9. http://www.tkinter.smig.net , Zugriff am 15.12.2013

„Vor einiger Zeit glaubte man noch fest daran, das Märzchen habe Zauberkräfte. Heutzutage denken die Menschen anders – und sie werden möglicherweise nie wieder ernsthaft an irgendeine Magie glauben. Was ihnen übrig bleibt ist, die Geschichten zu kennen.“[10]

Bezüglich des Märzchen-Ursprungs konnte ich drei Thesen erkennen: ein dako-trakischer Neujahrsbrauch nach dem alten römischen Kalender, ein Fest des Sonnenkults oder ein Identifikationsinstrument während der langwierigen Christianisierung des Balkans, nach dem Edikt von Mailand in 313 n. Chr. Die bekannten Thesen bauen auf Interpretationen der Indizien sowie auf ethnographischen Recherchen im 19. Jahrhundert. Da es weder archäologische Befunde noch ältere Inschriften über das Märzchen gibt, wird sein Ursprung immer geheimnisvoll bleiben. Möglicherweise hat sich die Bedeutung des Brauchs im Laufe der Zeit verändert und alle Thesen haben ihre Richtigkeit. Ein Indiz dafür ist die kontinuierliche Verwandlung des Anhängers, die wir seit 1800 zweifellos beobachten können. Die Ästhetik des rot-weiß geflochtenen Märzchen-Bands unterstützt auf alle Fälle großartige Symbolik, ähnlich der chinesischen Darstellung von Yin und Yang. Man kann darunter die Unendlichkeit der Zeit, den immer wiederkehrenden Lebenszyklus oder die Einheit der Gegensätze (Tod und Leben, Licht und Finsternis, Gut und Böse, maskulin und feminin) verstehen.

So wie ich diesen Brauch vor 1995 in Rumänien erlebt habe, ist das Märzchen voller Anmut und Schönheit, ein Frühlingsgruß als Andenken an die Kraft der Hoffnung, der Sonne und der Liebe.

Das Märzchen verkündet die Erneuerung der Natur durch die Kraft der Sonne. Weil es zunächst ein Geschenk innerhalb der Gemeinde ist, das ein wenig später den Pflanzen und Tieren angeboten wird, sehen manche Autoren das Märzchen auch als Geste der menschlichen Versöhnung mit der Umwelt.

Bild: Das Schenken eines Schneeglöckchen
als Symbol für einen neuen Anfang.[11]

10. Irina Nicolau, *Povestea mărțișorului*, Bukarest, 1997, Seite 8.
11. http://metropotam.ro/La-zi/Ce-se-ntampla-de-Martisor-la-metrou-Piata-Unirii-art9156396914/ , Zugriff am 23.06.2015